Inhalt

Übersichtskarte **Dänemark 1863** mit Holstein, Lauenburg, Mecklenburgische Länder.	2, 4
Übersichtskarte **Jütland**	5
Übersichtskarte **Schleswig**	6
Übersichtskarte **Die Deutsche Nord- und Ost-See-Küste**	10
Übersichtskarte Vertheilung der Sächsischen und Hannoverschen Bundes-Exekutions-Truppen und der Dänischen Armee Mitte Januar	12
Übersichtskarte Die gesammte Dan(n)ewerk-Stellung	13
Übersichtskarte Der mittlere Theil der Dannewerke	14
Stellung der Verbündeten und Dänen am **31. Januar 1864**	16
Stellung der Verbündeten am **1. Februar** Abends	18
Plan zum Gefecht bei Missunde am **2. Februar 1864**	19
Erstürmung des Königsberges am **3. Februar** gegen 4 Uhr Nachmittags	20
Plan zu den Gefechten bei Ober-Solk und Jagel am **3. Februar 1864**	21
Stellung der Verbündeten am **5. Februar.** Abends	22
Rückzug der Dänen von den Dannewerken in der Nacht vom **5. zum 6. Februar 1864.** Lage gegen 4 Uhr Morgens	24
Plan zum Gefecht bei Översee am **6. Februar 1864**	25
Stellung der Verbündeten und Dänen am **6. Februar** Abends	26
Übersichtskarte Düppel und Sonderburg mit den Dänischen Befestigungen und Preussischen Belagerungsarbeiten	28
Stellung der Verbündeten und Dänen am **7. Februar** Abends	32
Stellung des I. Korps am **12. und 24. Februar 1864** Vorposten der Dänen am **12. und 24. Februar 1864**	34
Erkundungsgefecht vor Düppeln am **22. Februar 1864**	35
Stellung des II. und III. Korps vom **14. bis 16. Februar** sowie am **17.** und der Dänen am **15. Februar.**	36
Plan zu dem Gefecht bei Veile am **8. März 1864**	38
Plan zum Gefecht von Rackebüll - Düppel am **17. März 1864**	40
Seegefecht bei Jasmund am **17. März 1864**	42
Gefecht bei Düppel am **28. März.** Lage um 5 Uhr Morgens	43
Vertheilung der Preussischen Einschliessungs-Truppen vor Düppeln am **29. März**	44
Aufstellung der Preussischen und Dänischen Streitkräfte bei Düppel. am **18. April**, 10 Uhr Morgens	45
Plan zum Angriff auf die Düppel-Stellung am **18. April 1864.**	46
Der Sturm auf die Düppeler Schanze am **18. April 1864** Vorgehen der Strumkollonne. 10 Uhr Vormittags.	48
Der Sturm auf die Düppeler Schanze am **18. April 1864** Erstürmung der zurückgezogenen Linie, Eingreifen der beiden Reserven. 10 Uhr 10 Min. bis 10 Uhr 50 Min. Vorm.	50
Der Sturm auf die Düppeler Schanze am **18. April 1864.** Einnahme der Schanzen des rechten Flügels und Vordringen gegen den Brückenkopf. 11 Uhr 15 Min. Vorm. bis 1 Uhr 30 Min. Nachm.	52
Seegefecht bei Helgoland am **9. Mai 1864**	54
Bewachung des nördlich der Augustunburger Föhrde gelegenen Theils von Alsen und Verteilung der Dänischen Schiffe am **29. Juni 1864**	55
Plan zum Uebergang nach Alsen I. am **29. Juni 1864**	56
Plan zum Uebergang nach Alsen II. am **29. Juni 1864**	57
Plan zum Uebergang nach Alsen III. am **29. Juni 1864**	58
Zum Uebergang nach Alsen. Lage um 3.30 Uhr Morgens. **29. Juni 1864**	60
Uebergang nach Alsen. Lage um 4.30 Uhr Morgens. **29. Juni 1864**	61
Übersichtskarte Nordfriesische Inseln	14
Einnahme der Nordfriesischen Insel in den Tagen vom **13.–20. Juli 1864**	58
Dänemark nach dem Krieg im Jahr 1865	64

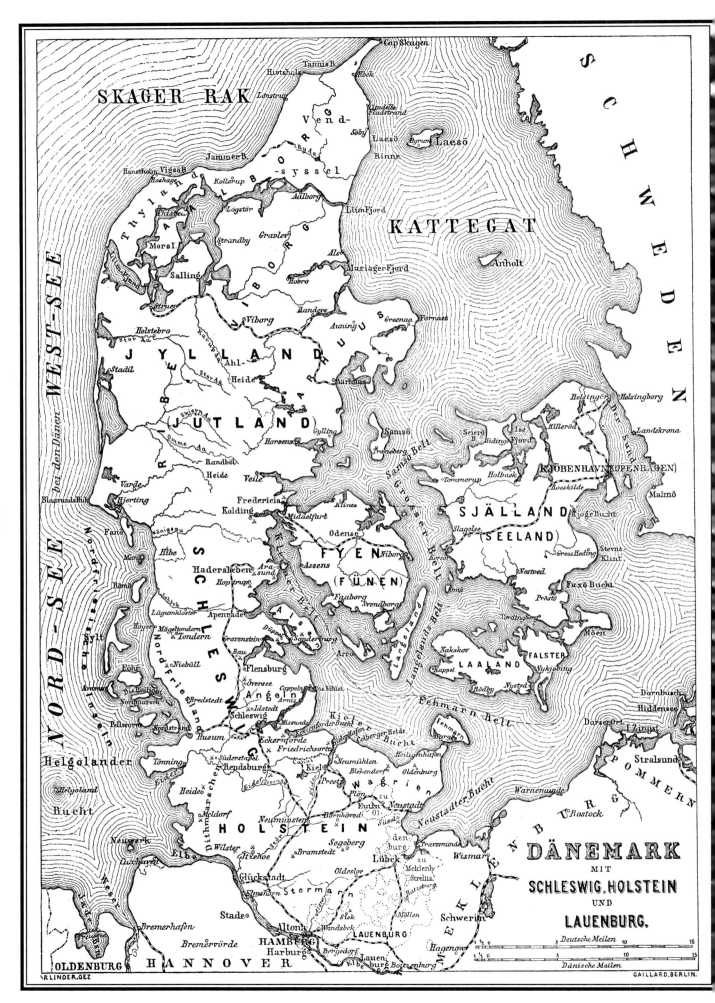

August Trinius, „Geschichte des Krieges gegen Dänemark 1864." Ausgabe 1891, Vorsatz

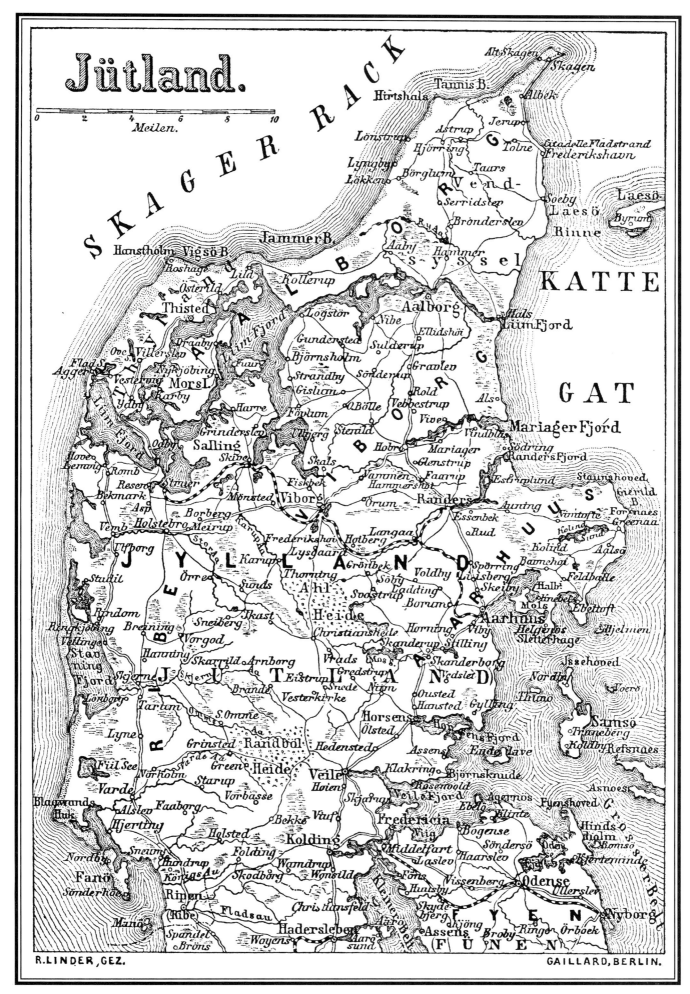

August Trinius, „Geschichte des Krieges gegen Dänemark 1864." Ausgabe 1891. Seiten 416–417

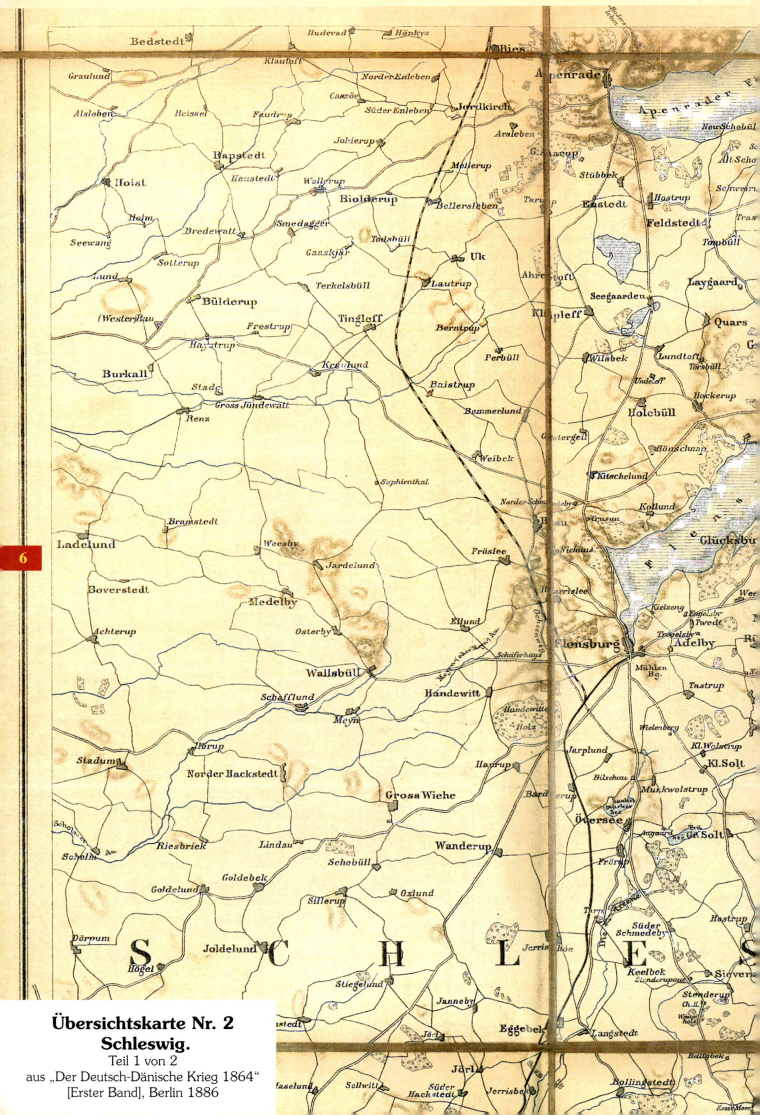

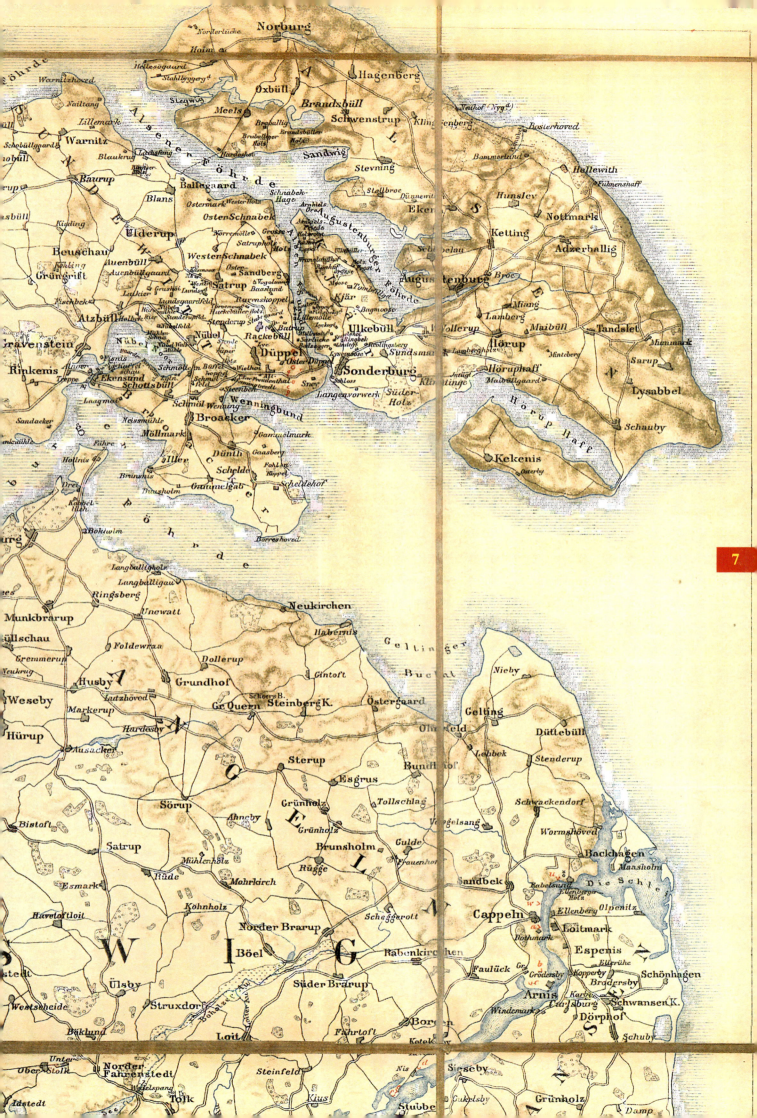

Übersichtskarte Nr. 2 Schleswig. Teil 2 von 2 aus „Der Deutsch-Dänische Krieg 1864" [Erster Band], Berlin 1886

Kartenbeilage in „Der Deutsch-Dänische Krieg 1864" – [Erster Band]. Berlin 1886.

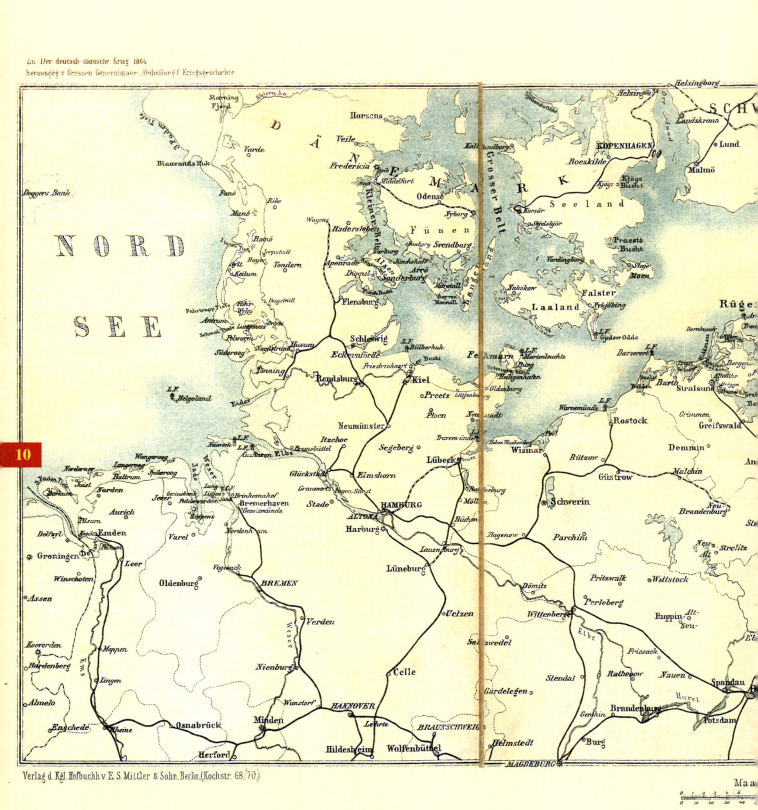

**Übersichtskarte Nr. 3
Die Deutsche Nord- und Ost-See-Küste.**
aus „Der Deutsch-Dänische Krieg 1864"
[Erster Band], Berlin 1886

Übersichtskarte 3.

O S T S E E

Memel

Kurische Nehrung

Kurisches Haff

Niemen

Bornholm
Rönne   Svaniko
Nexö

L.F. Brüster Ort

Fischhausen   KÖNIGSBERG

L.F. Rixhöft   Pillau   Pregel   Wehlau

Leba   Putzig   Putziger Wiek   Tapiau

Stolpmünde   Lauenburg   Hela   Frische Nehrung

L.F.   Stolp   L.F.   Neufahrwasser   L.F.   Braunsberg

Rügenwalde   Schlawe   Weichselmünde   Frisches Haff   Wornaditt   Heilsberg   Korschen

Zanow   DANZIG   Elbing

Oder   Colberg   L.F.   Cöslin   Bütow   Dirschau   Pr. Holland   Liebstadt

Bank   Belgard   Rummelsburg   Pr.   Marienburg   Osterode

Dievenow   Treptow   Stargard   Marienwerder

Cammin   Greifenberg   Schievelbein   Konitz   Bischofswerder   Deutsch Eylau

Misdroy   Labes   Neu Stettin   Graudenz

Wollin   Wangerin   Strassburg   Soldau

Haff   Freienwalde   Schwetz   Mlawa

STETTIN   Damm   Flatow   Deutsch Krone

Stargard   Schneidemühl   Bromberg   Thorn

Pyritz   Kreuz   Canal   Inowraclaw   Wloclawek

Koenigsberg i/N.   Netze   Netze

walde   Landsberg   Schwerin   Gnesen   Bemerkung

Oder   Drossen   L.F. bedeutet Leuchtfeuer.

Küstrin   Warthe   POSEN   vollendete

Frankfurt   Schwiebus   Bentschen   Peisern   Konin   im Bau begriffene   Eisenbahnen.

Warthe   Warta   Ner

0.
15   20 Meilen.
150 Kilometer.

Geogr. lith. Inst. u. Steindr. v. W. Greve, Kgl. Hoflith., Berlin

11

Kartenbeilage in „Der Deutsch-Dänische Krieg 1864" – [Erster Band], Berlin 1886.

Vertheilung der Sächsischen u. Hannoverschen Bundes-Executions-Truppen und der Dänischen Armee Mitte Januar.

Zu: Der deutsch-dänische Krieg 1864,
herausgeg. v. Grossen Generalstabe, Abtheilung f. Kriegsgeschichte.

Skizze 1.

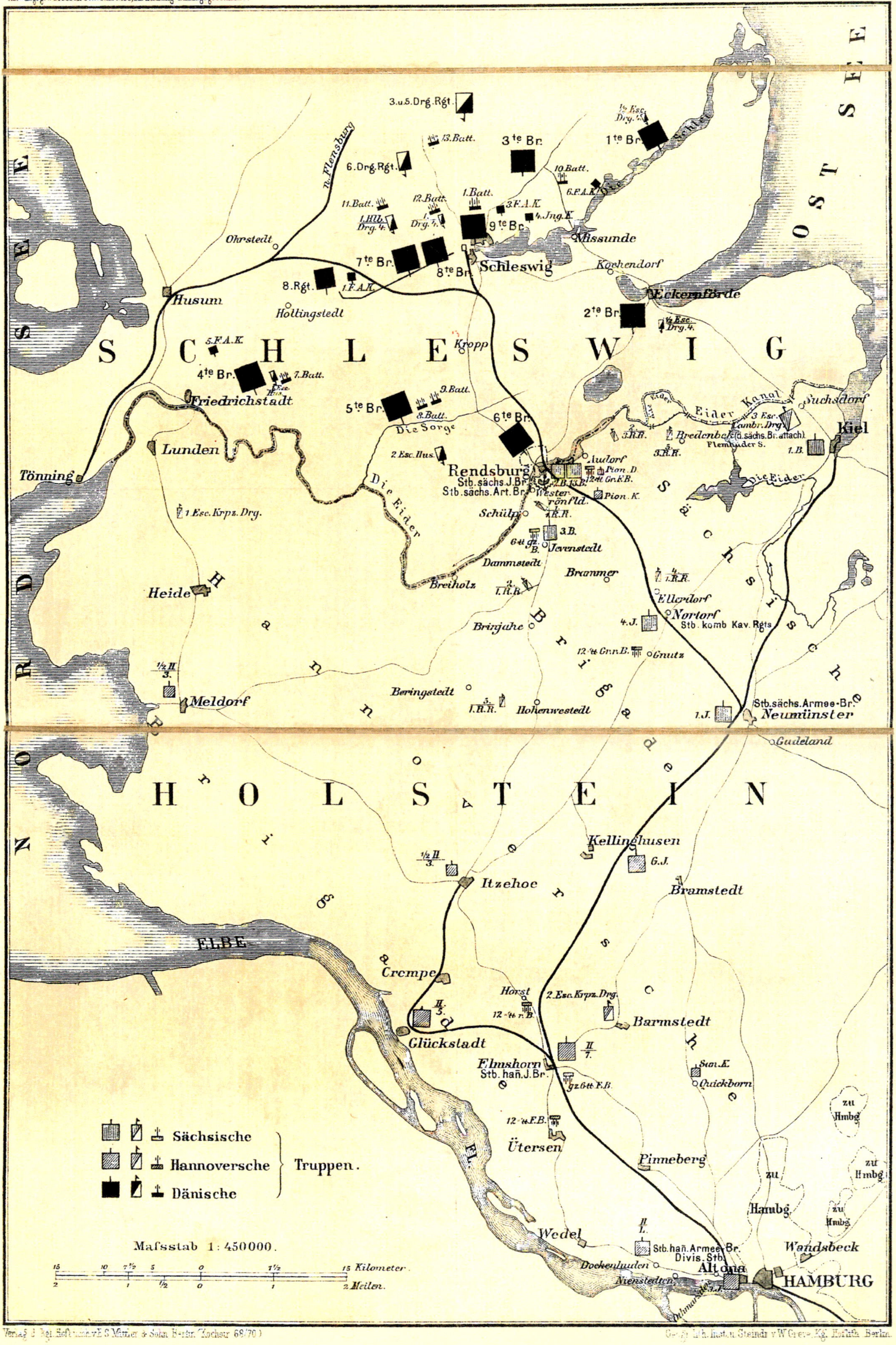

Mafsstab 1: 450000.

Kartenbeilage in „Der Deutsch-Dänische Krieg 1864" – [Erster Band], Berlin 1886.

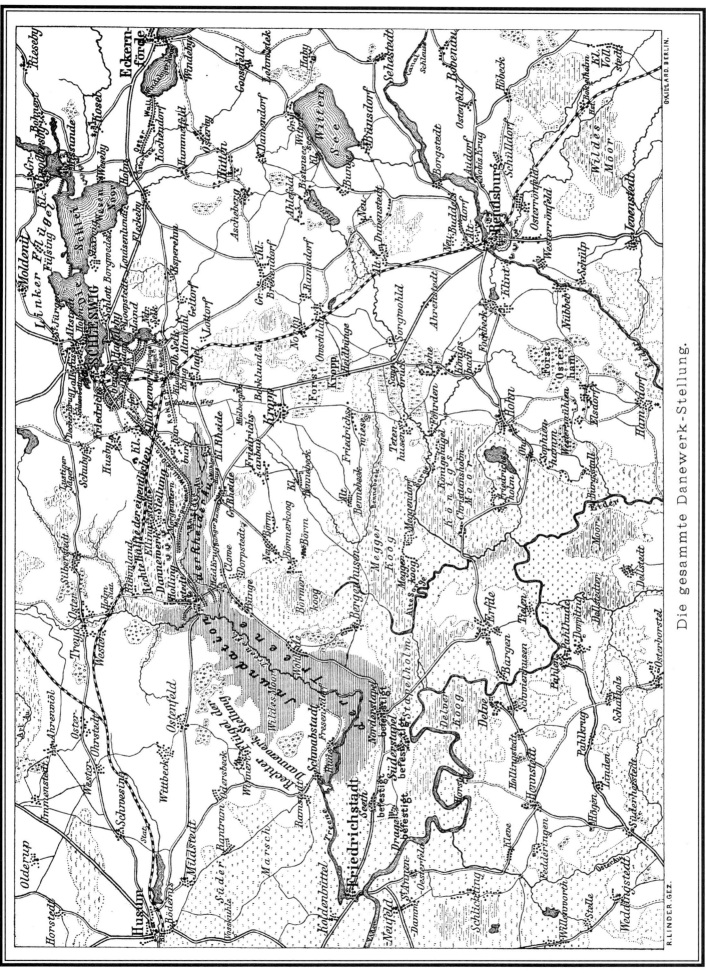

Die gesammte Danewerk-Stellung.

August Trinius, „Geschichte des Krieges gegen Dänemark 1864." Ausgabe 1891, Seiten 72–73

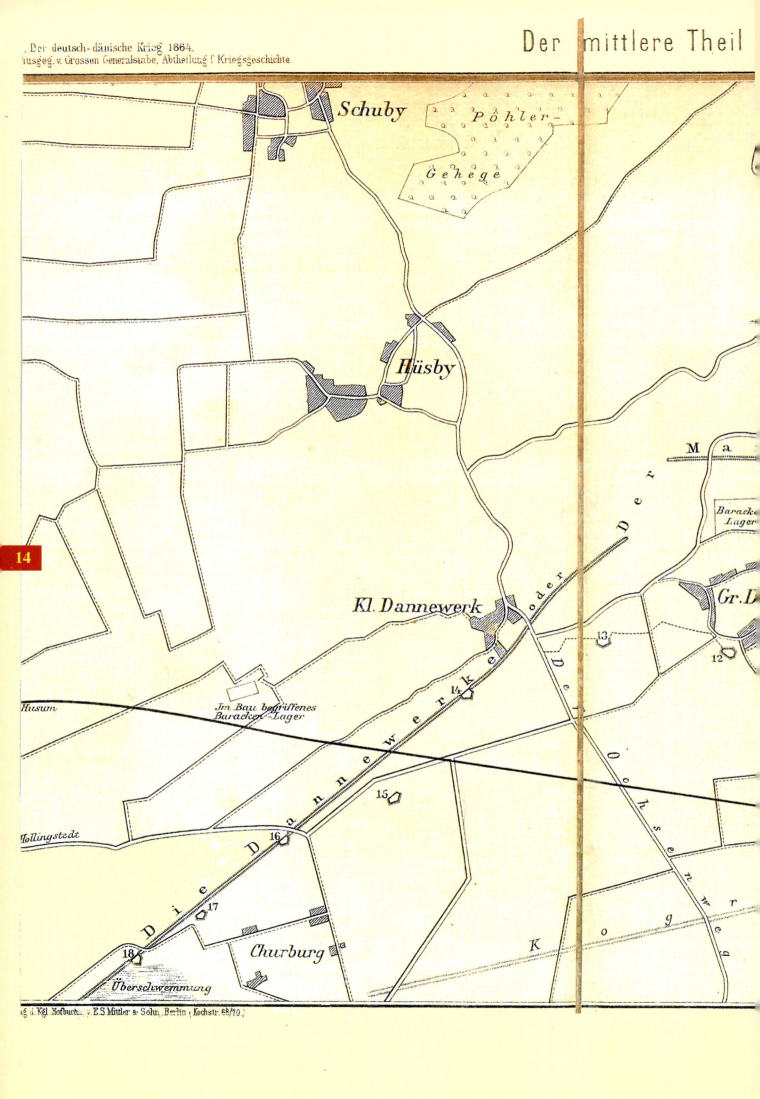

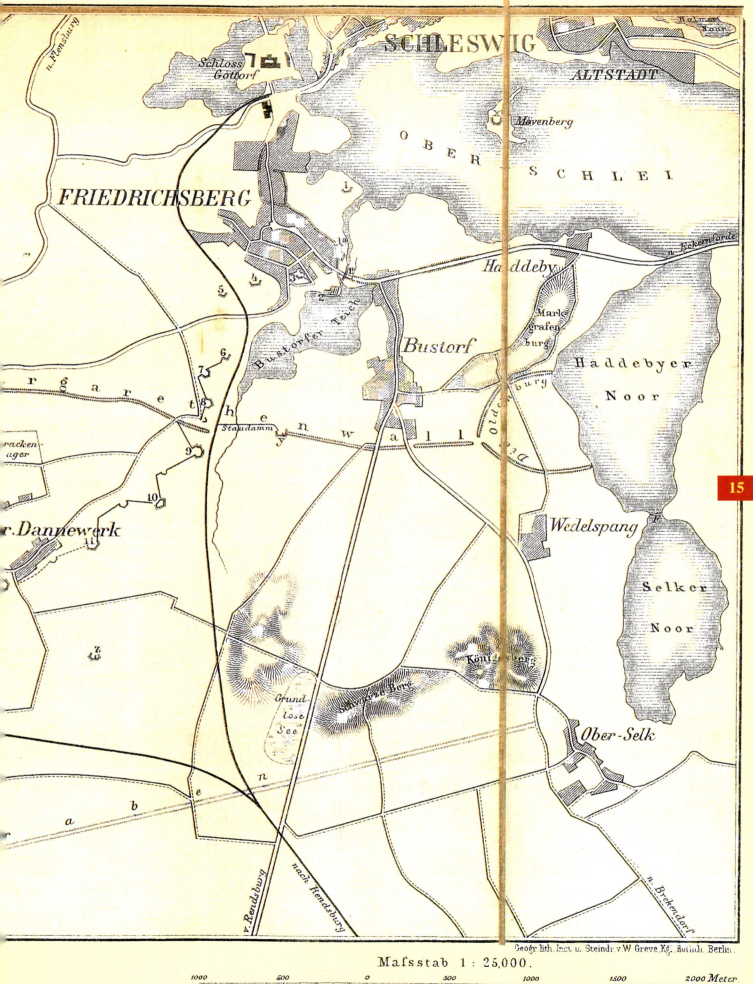

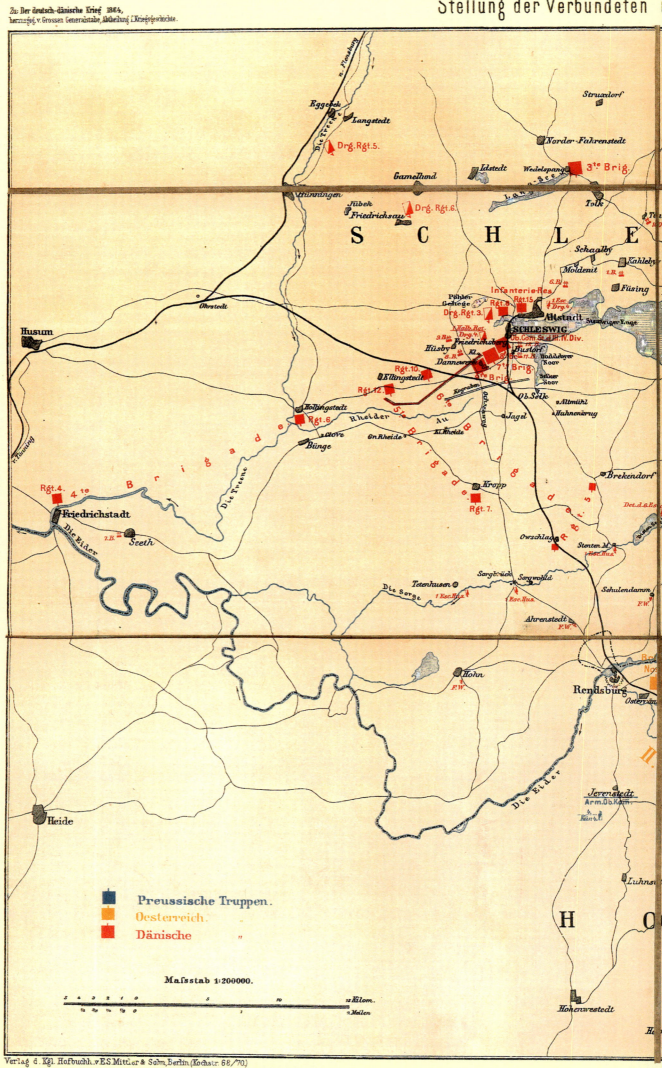

Stellung der Verbündeten
am 1. Februar Abends.

SCHLESWIG

HOLSTEIN

Buchi von Eckernförde

Buchi von Eckernförde

NB. Brigade Dornus in Nortorf.

Knoop Holtenau

Kiel

Wester See

Reserve-Artillerie

Gettorf

Wolfshagenerhütten

Behrensbrok

Lerensau

Canal

Landwehr Brücke

Eider

Achterwehr

Königsförde

11te Brigade

Hohenlieth

G. Komd. l. Kps.

12te Brigade

Lindau

Holtsee

Garde-Kavallerie-Division

Königsförde

Cluvensiek

Sehestedt

Hoffnungsthal

Hohr

25te B

Witten See

Gr. Wittensee

Borby

Windeby

Vorposten

2 E.
Liecht. H.

Bunge

Duvenstedt
2 E.
Liecht. H.

Schulendamm

Brigade Condrecourt

Bünstorf

26te B

13te B

Die Sorge

Owschlag

Sorgbrück

Lohe
1 E.
Liecht. H.

Ahrenstedt
Brigade Nostitz

Brig.
Brigade Tomas

Neu-
Kps. Gesch. Res.

Dobrzensky

Fockbek

Rendsburg
A. H. Q.

G. Komd. II. Kps.

Die Enge

Alt-Büdelsdorf

Die Eider

Nübbel

Theile des
III. KORPS

n. Nortorf

v. Schleswig

Linie der

I. KORPS

II. KORPS

III. KORPS

I.
Holst.

1:200000.

10 km

Aus „Der Deutsch-Dänische Krieg 1864" – [Erster Band], Berlin 1886, Seite 127

Plan zum Gefecht bei Missunde

am 2. Februar 1864.

Plan 1.

u : Der deutsch-dänische Krieg 1864,
erausgeg. v. Grossen Generalstabe, Abtheilung f. Kriegsgeschichte.

D i e   S c h l e i

Missunder
Fährhaus

Missunde

Ornumer M.

Lange See

g d Kgl Hofbuchh. v. E. S. Mitler & Sohn, Berlin, (Kochstr 68/70)

Geogr. lith. Inst u. Steindr v. W Greve, Kgl Hofkst. Berlin

■ ▲ ▦ Preussische Truppen } Lage gegen

Maßsstab 1 : 8000.

Kartenbeilage in „Der Deutsch-Dänische Krieg 1864" – [Erster Band], Berlin 1886.

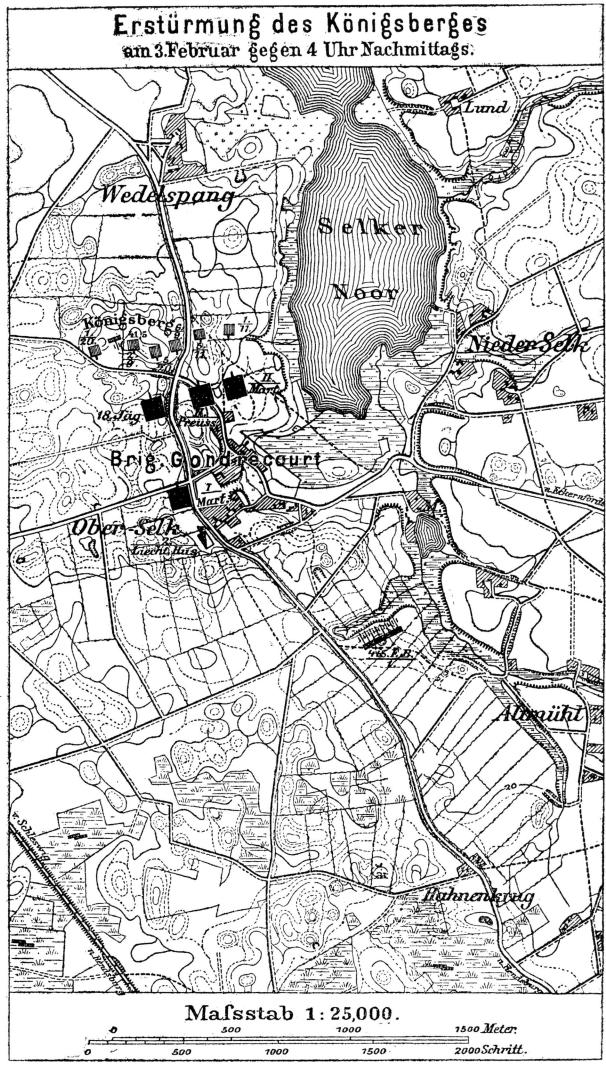
Aus „Der Deutsch-Dänische Krieg 1864" – [Erster Band], Berlin 1886, Seite 159

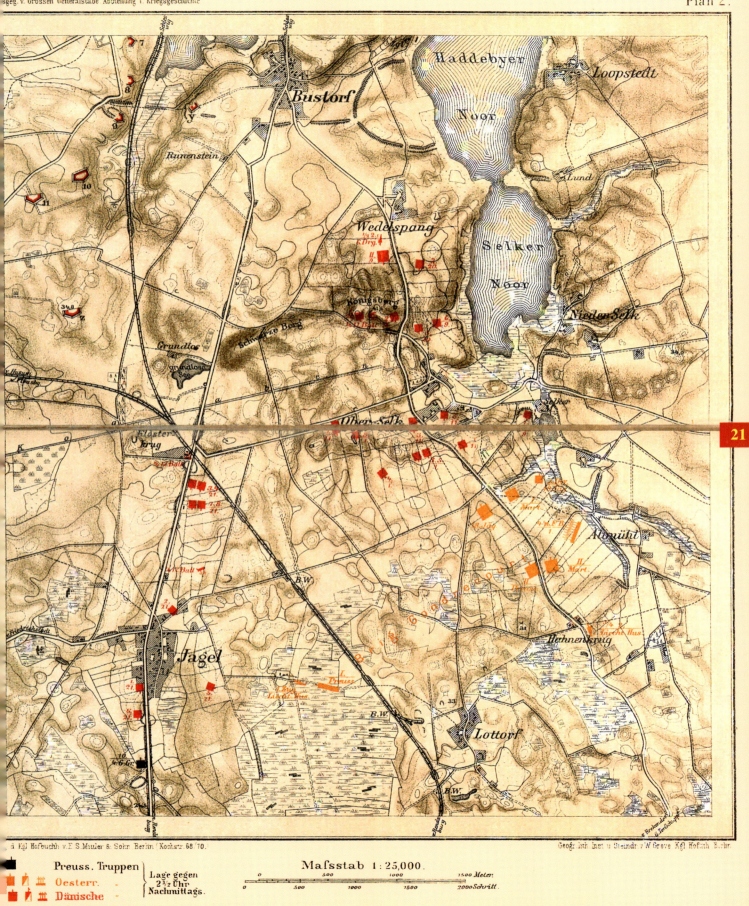

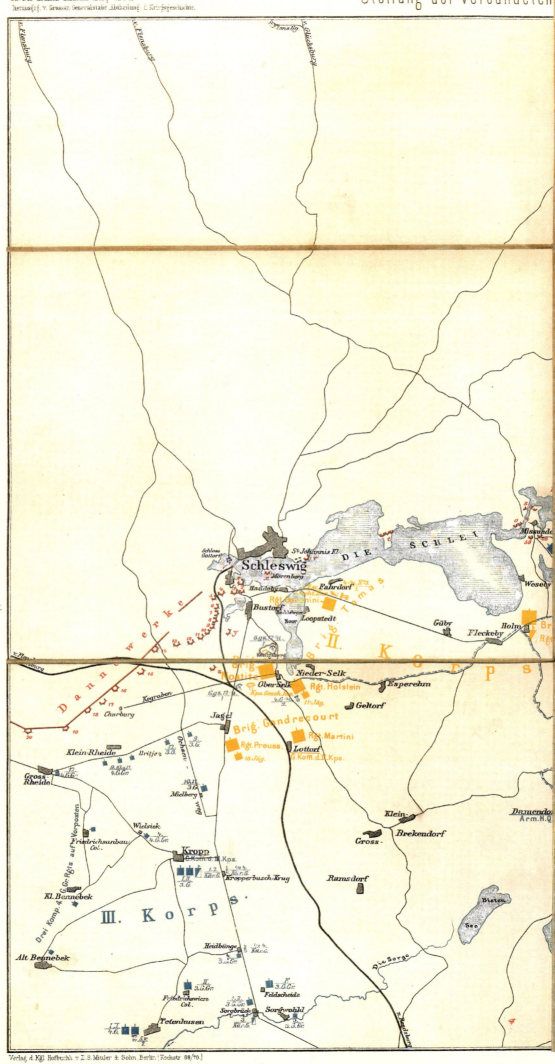

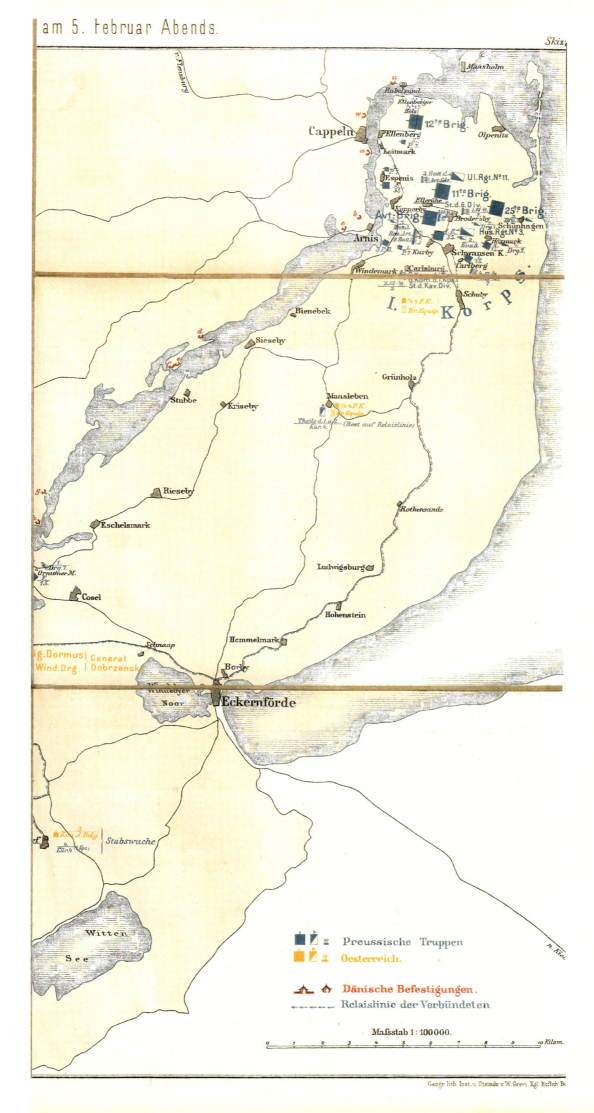

Rückzug der Dänen von den Dannewerken in der Nacht vom 5. zum 6. Februar 1864.

Lage gegen 4 Uhr Morgens.

Plan zum Gefecht bei Översee
am 6. Februar 1864.

Plan 3.

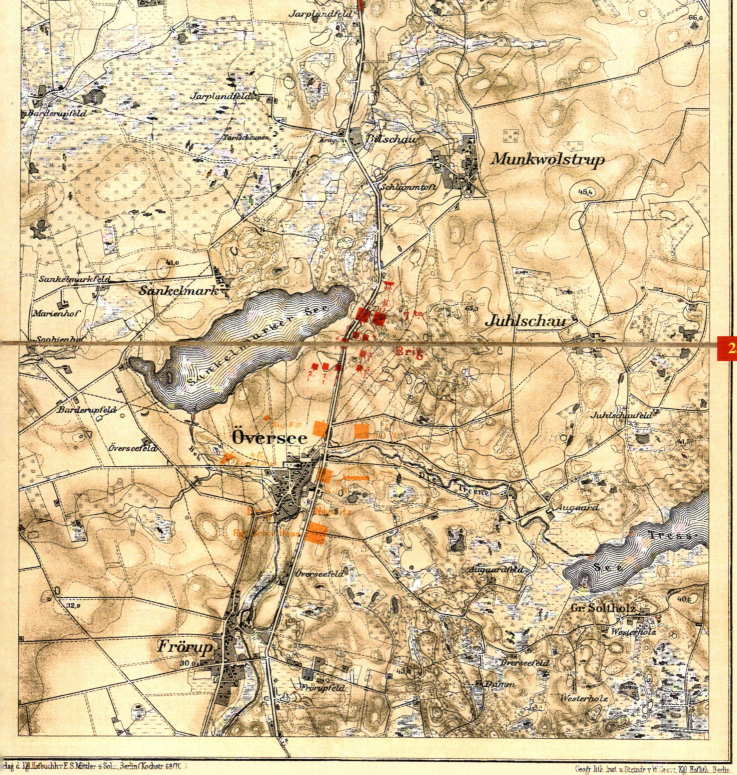

Maßstab 1:25000.

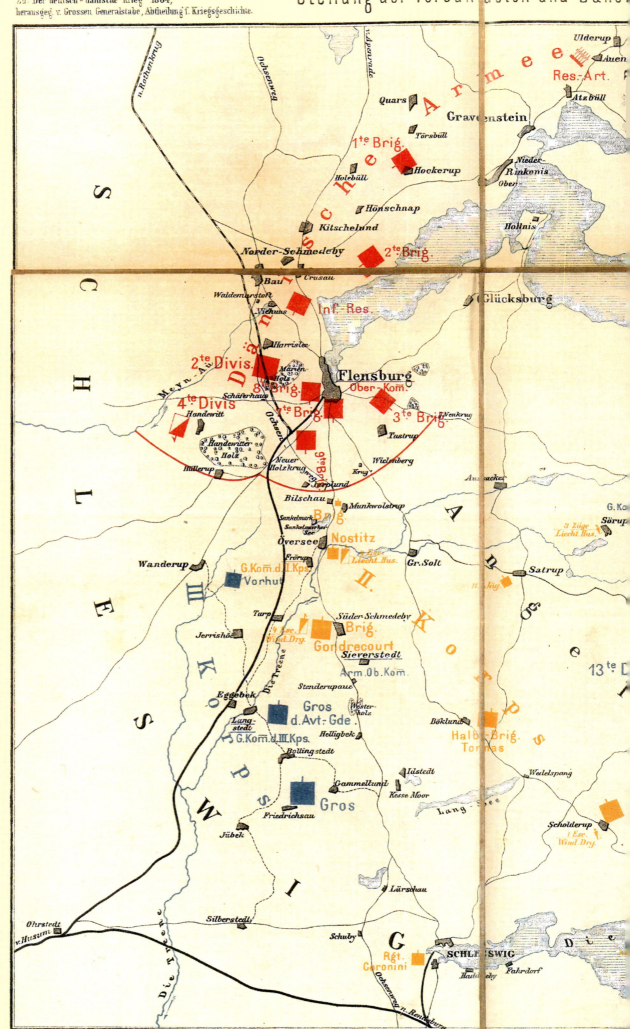

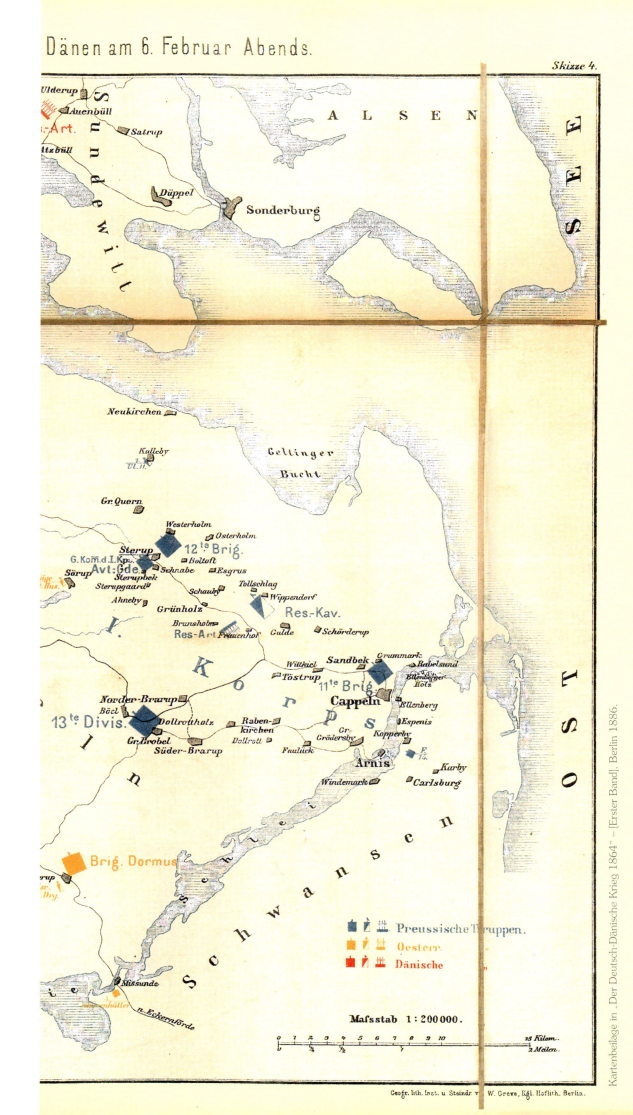

SONDERBURG

den Preussischen Belagerungsarbeiten.

Plan 4.

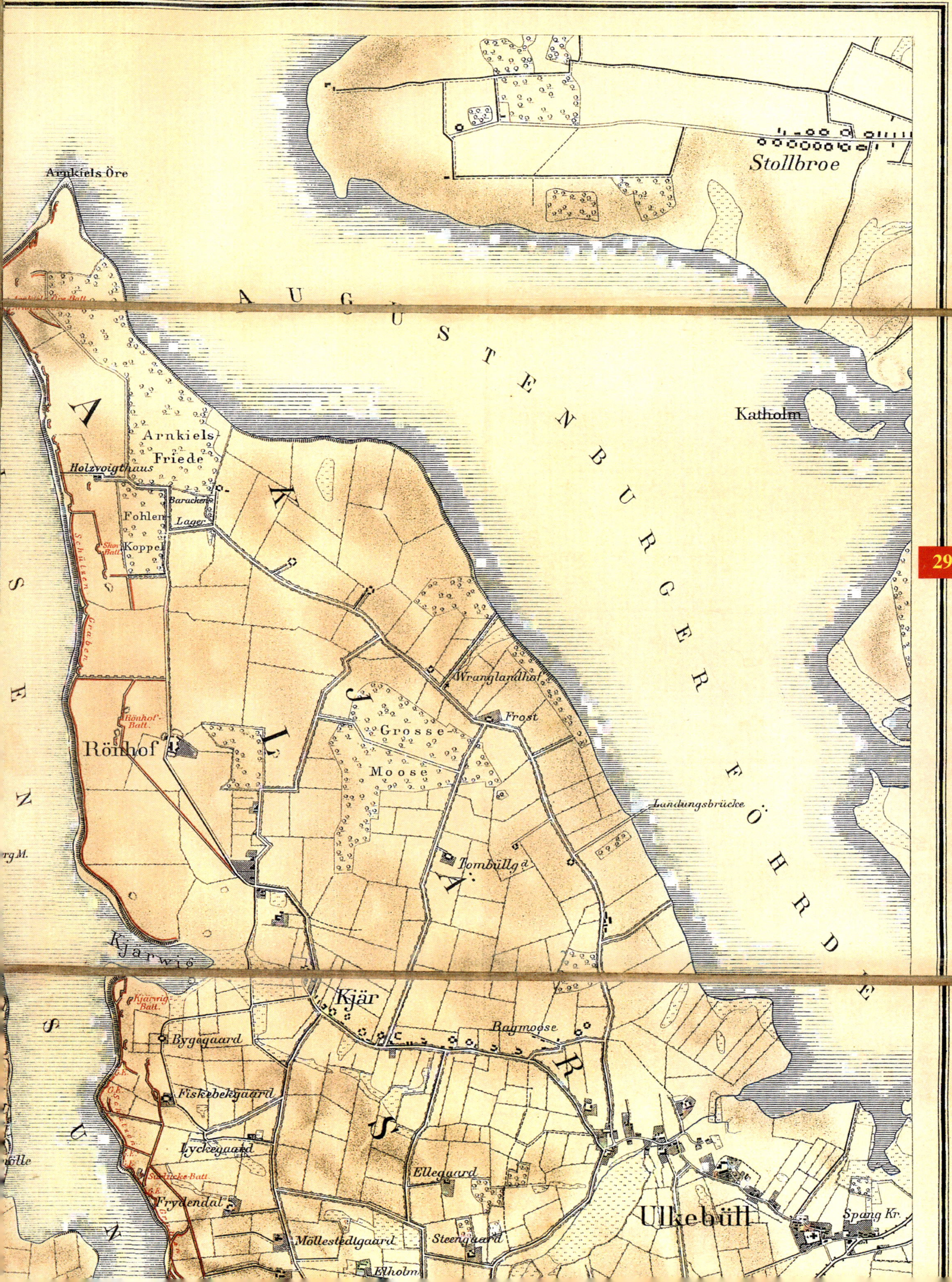

Arnkiels Öre

Stollbroe

AUGUSTENBURGER FÖHRDE

Katholm

29

Arnkiels Friede

Holzvoigthaus

Barucker

Fohlen Koppel

Lager

Schützen Graben

Röhnhof-Batt.

Röhnhof

Wranglandhof

Frost

Grosse Moose

Landungsbrücke

Tombüllg.

Kjarwig

Kjär

Kjarrig-Batt.

Ragmoose

Byggaard

Fiskebekgaard

Lyckegaard

Ellegaard

Frydendal

Ulkebüll

Spang Kr.

Möllestedlgaard

Steengaard

Elholm

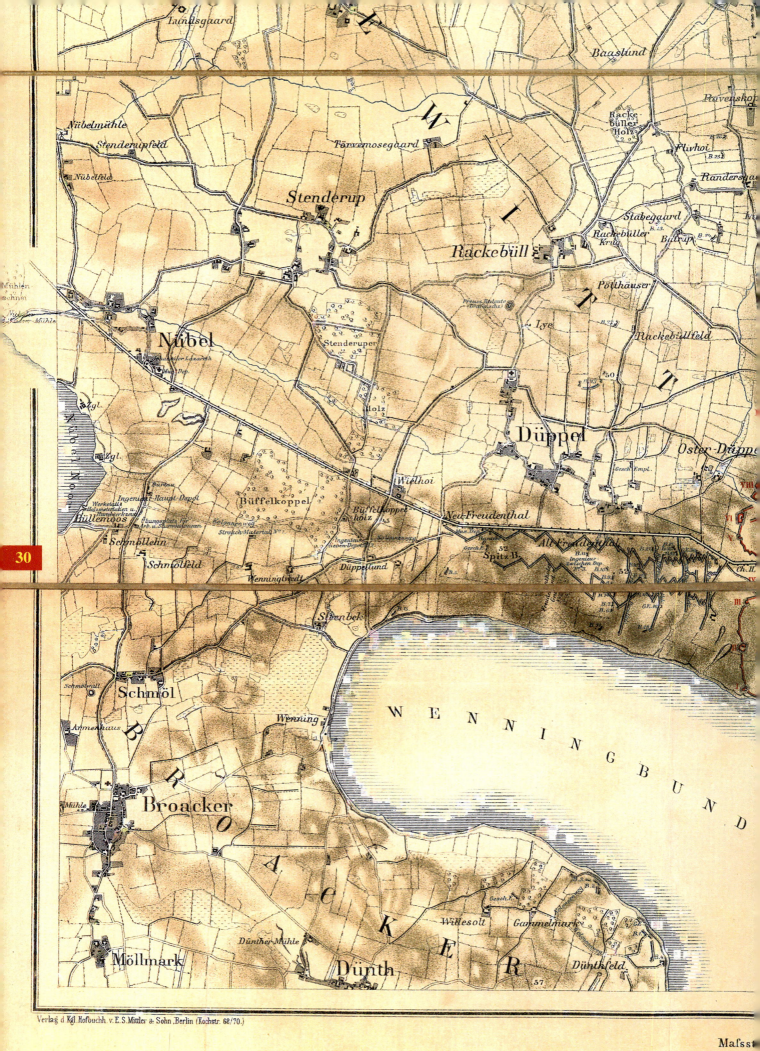

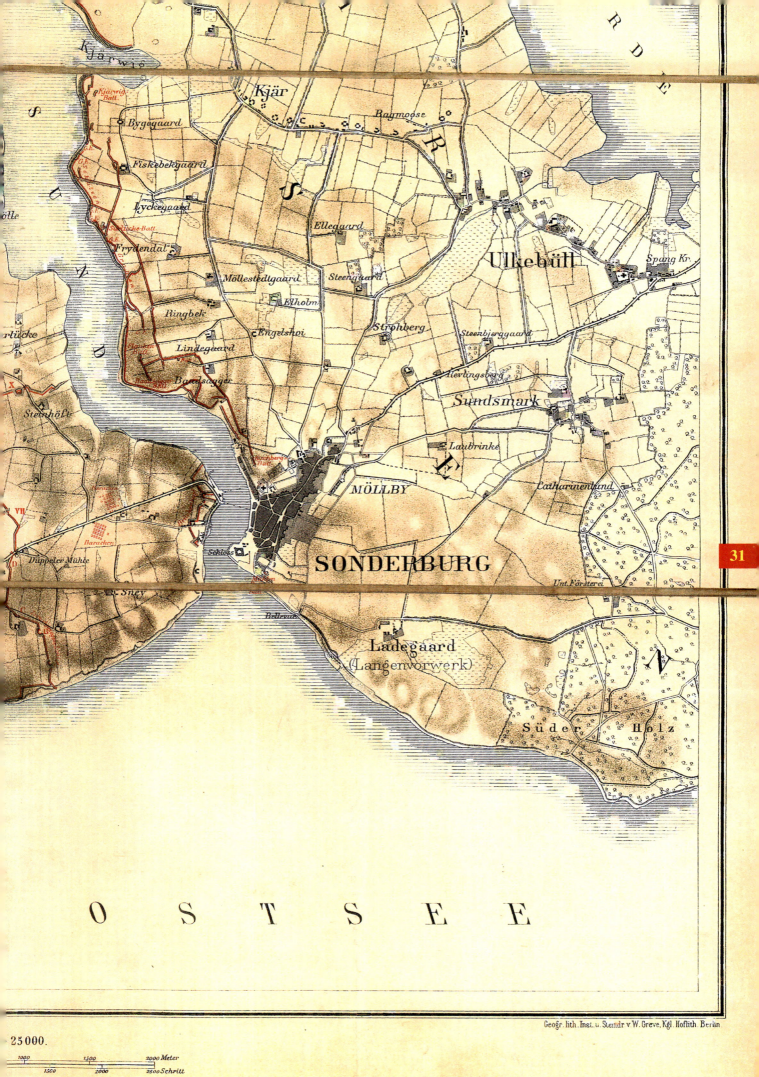

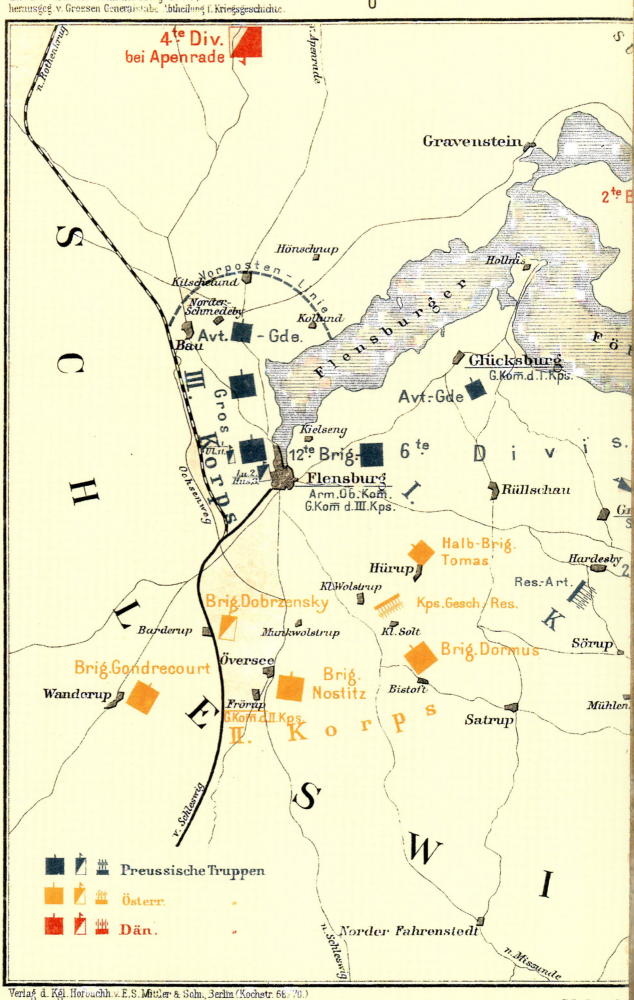

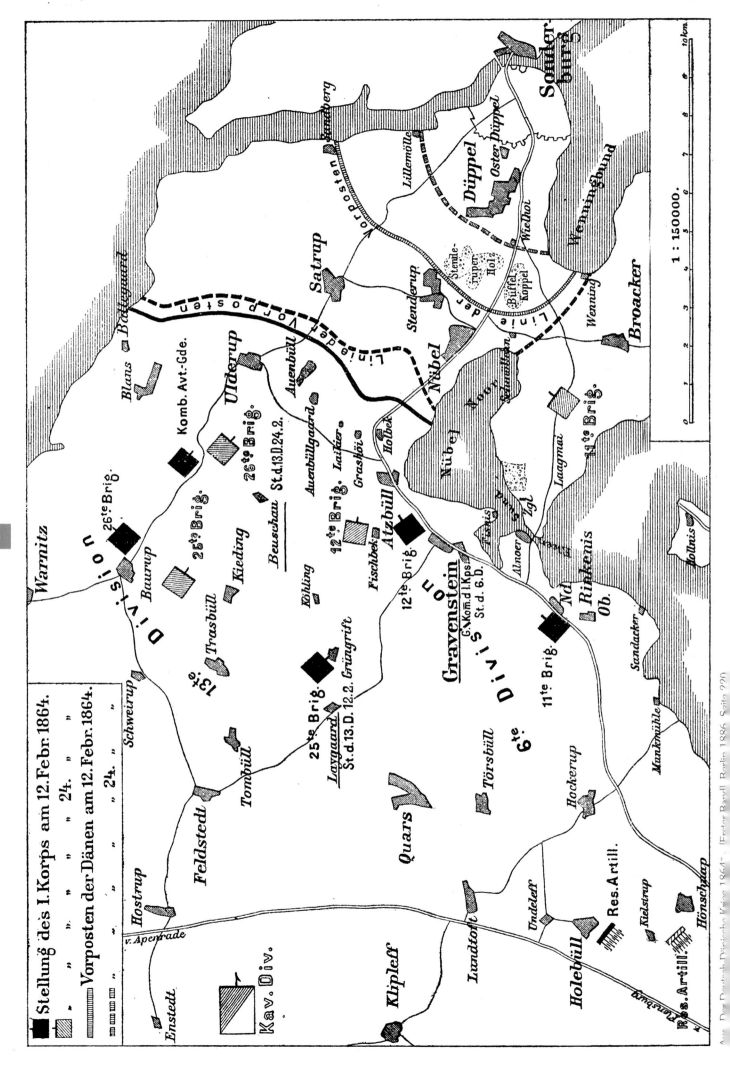

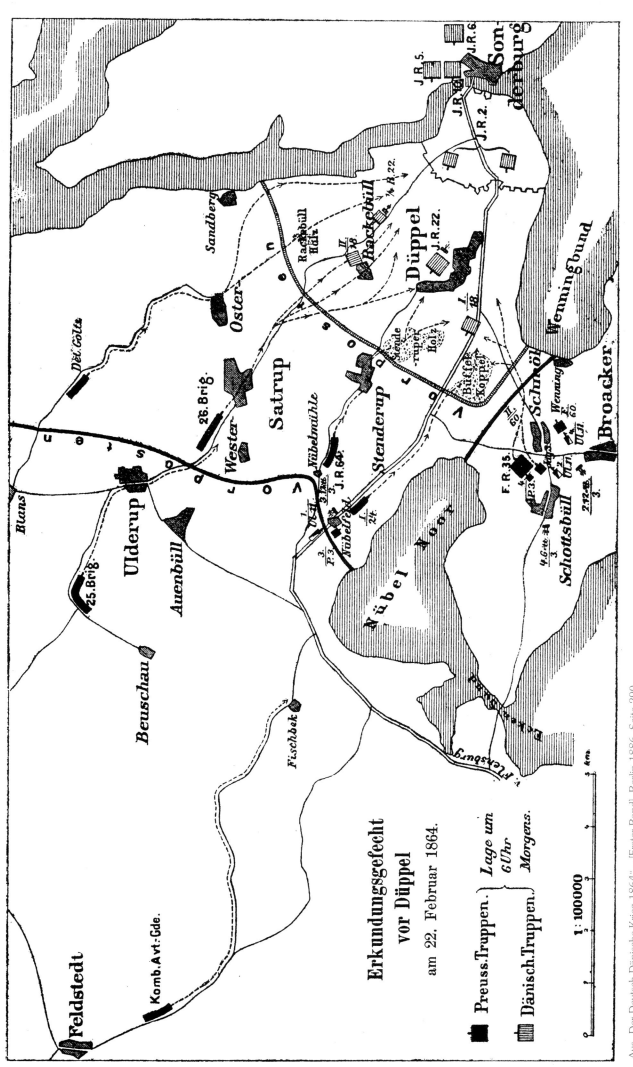

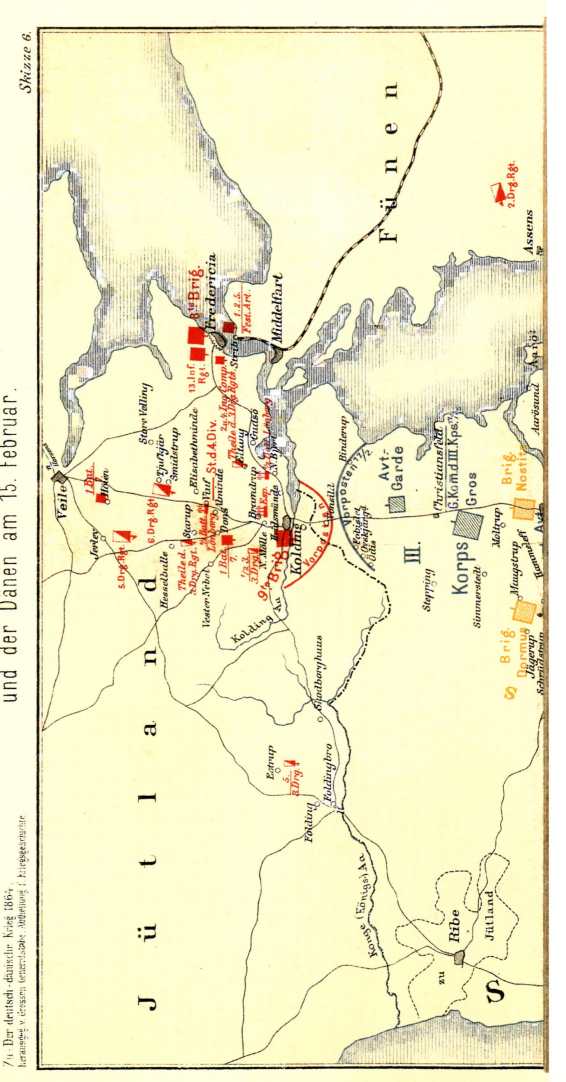

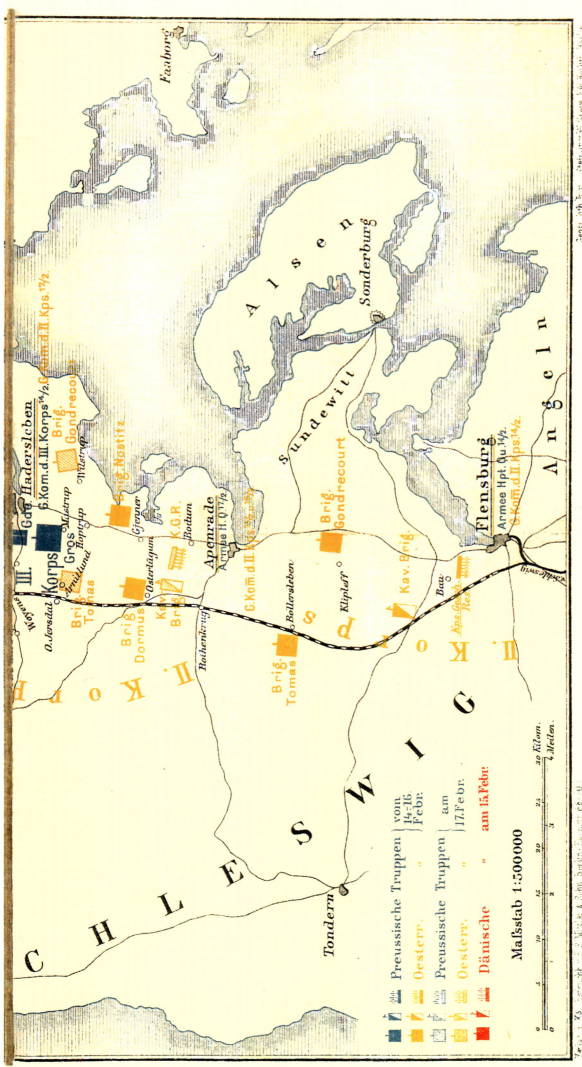

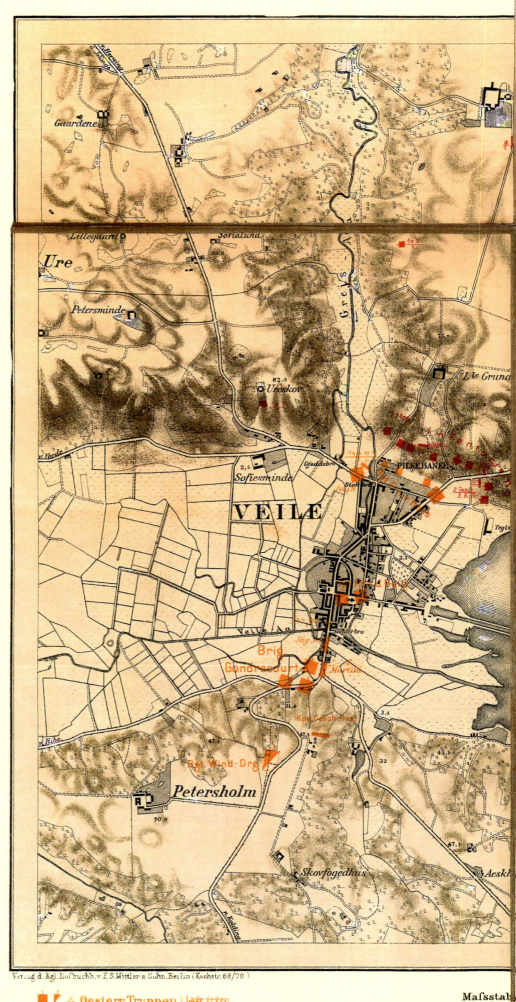

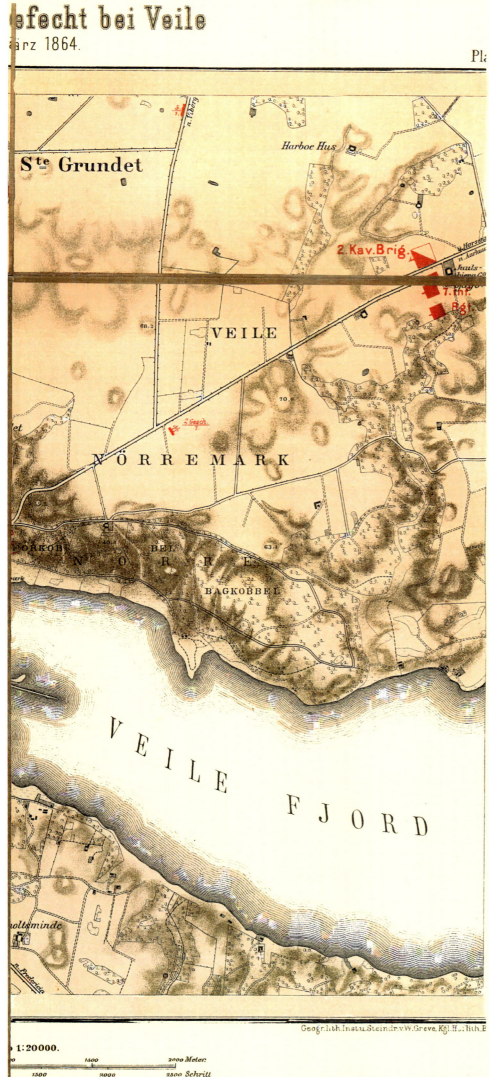

PLAN ZUM GEFECHT

am

Zu : Der deutsch-dänische Krieg 1864,
herausgeg. v. Grossen Generalstabe, Abtheilung f. Kriegsgeschichte.

Kasmoos

Wester-   Satrup

Lundsgaard

Nübelmühle

Stenderupfeld

Törvemosegaard

Nübelfeld

Stenderup

Rackebüll

Nübel

Stenderuper

Holz

Dü

Zgl.

Zgl.

Büffelkoppel

Büffelkoppel-
holz

Wielhoi

12. Brigade

Neu-Freudenthal

Büllemoos

Schmöllehn

Schmölfeld

Wenningtredt

Düppelund

Spitz B

Theile
d. 11. Brig.

Steenbek

Schmöl

WENNING

Verlag d. Kgl. Hofbuchh. v. E. S. Mittler & Sohn, Berlin (Kochstr. 68/70.)

■ ⚔ **Preussische Truppen** } Lage um
■ ⚔ **Dänische**   "   " } 3 Uhr
           Nachmittags.

Maßstab 1 : 25 000.

400 300 200 100 0   500   1000   1500   2000 Meter
500 400 300 200 100 0   500   1000   1500   2000   2500 Schritt

VON RACKEBÜLL–DÜPPEL
17. März 1864.

Plan 8.

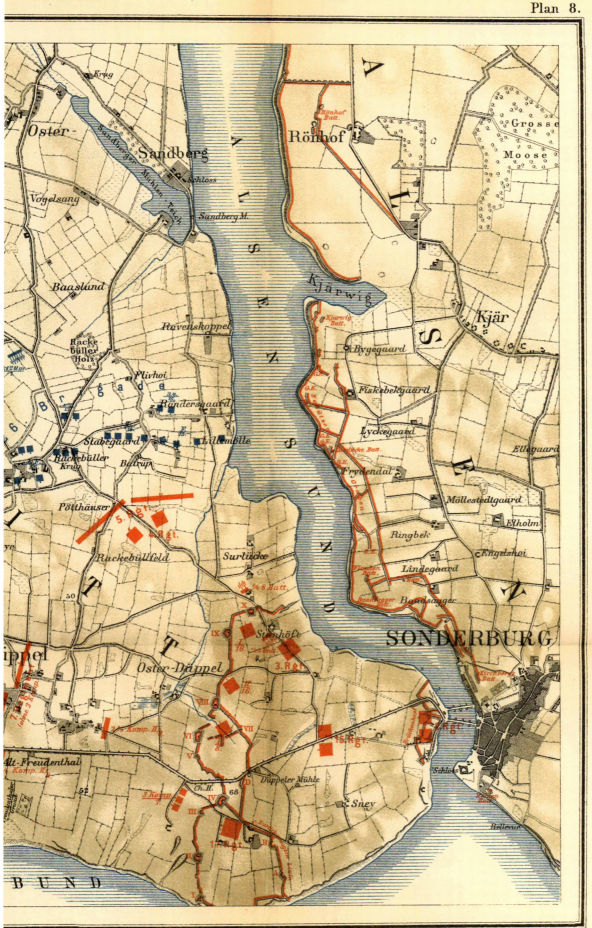

Kartenbeilage in „Der Deutsch-Dänische Krieg 1864" – [Zweiter Band], Berlin 1887.

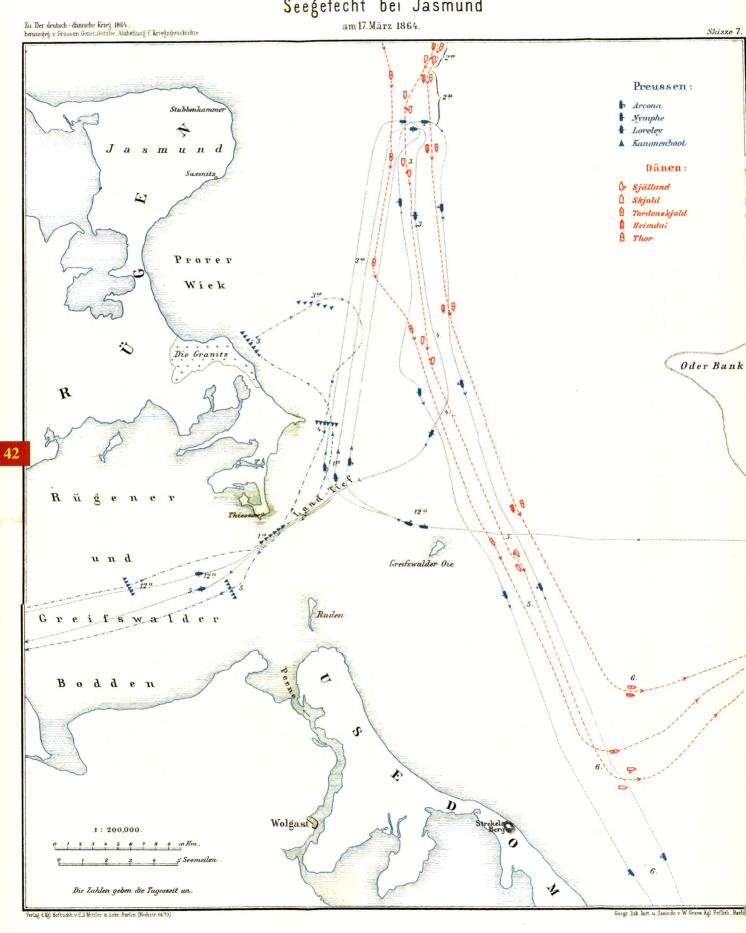

Kartenbeilage in „Der Deutsch-Dänische Krieg 1864" – [Zweiter Band], Berlin 1887.

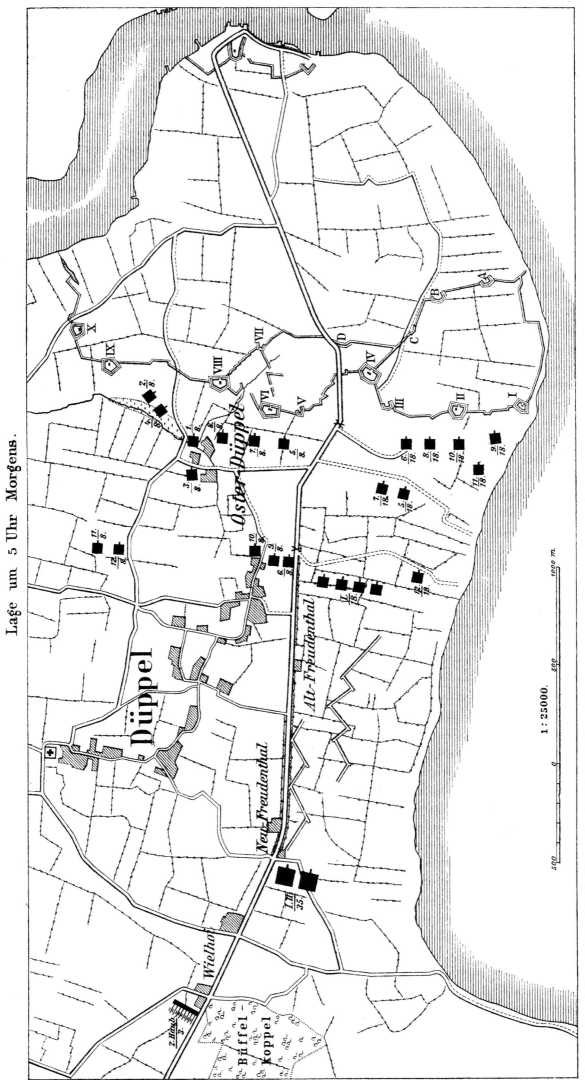

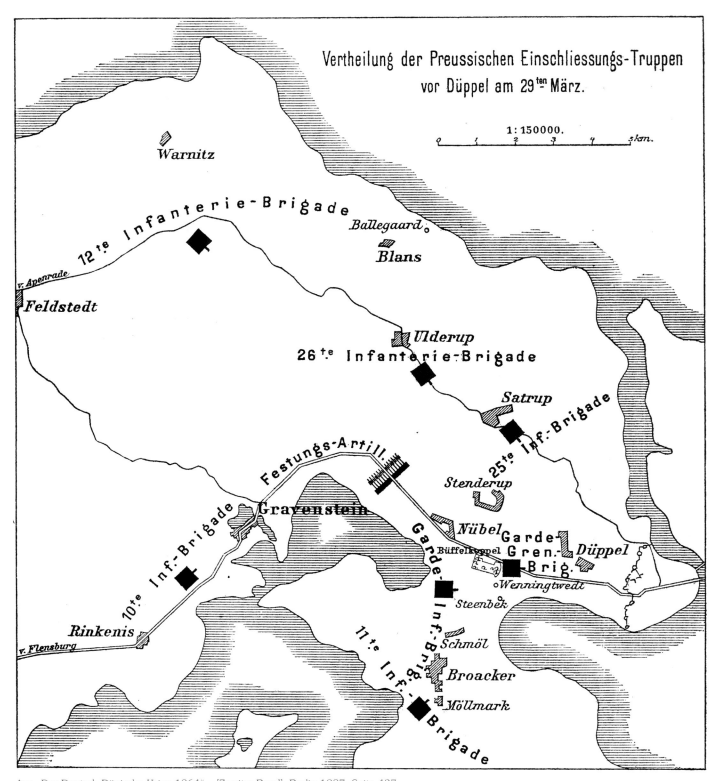
Aus „Der Deutsch-Dänische Krieg 1864" – [Zweiter Band], Berlin 1887, Seite 437

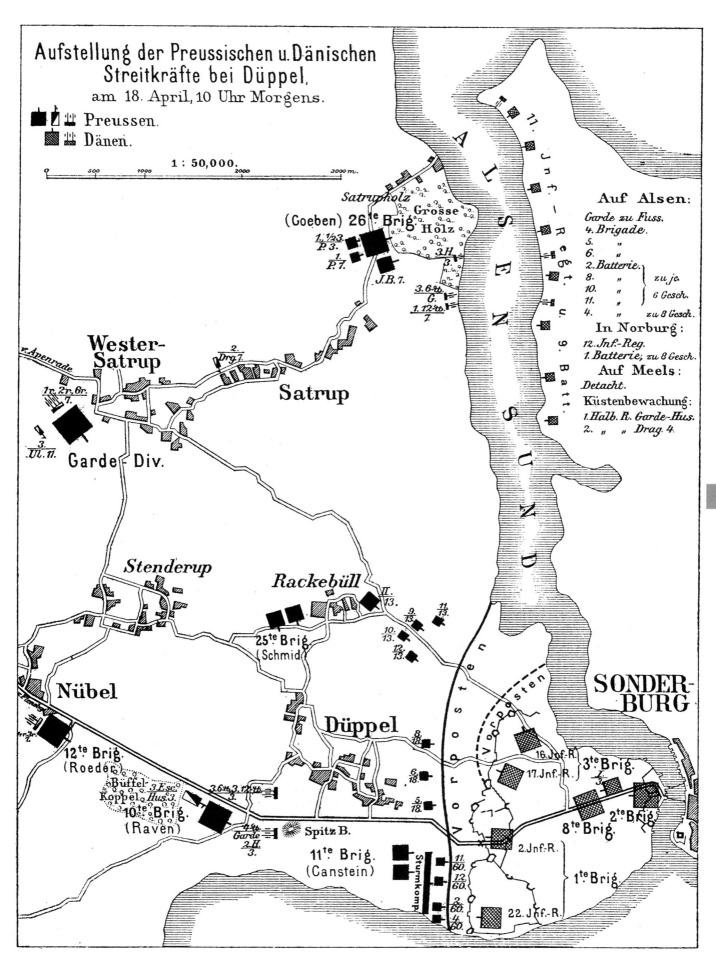
Aus „Der Deutsch-Dänische Krieg 1864" – [Zweiter Band], Berlin 1887, Seite 561

Zu: Der deutsch-dänische Krieg 1864.
herausgeg. v. Grossen Generalstabe, Abtheilung f. Kriegsgeschichte.

PLAN ZUM ANGRIFF AU

(map labels)

Lye — Rackebüllfeld — B.22 — 31.0 — von Apenrade — 45.0 — B.13 — 50.0 — 39.0 — Düppel — Oster-Düppel — G. St. — von Neu-Freudenthal Flensburg — Mun. Dep. — Alt-Freudenthal — Spitz B. — 52.4 — Ing. Zw. Dep. N° 3 — Freudenthaler Grund — Halb-Parallele — 1te Parallele — 2te Parallele — 3te Parallele — Parallele — WENNINGBUND

B.5 — B.11 — B.10 — B.9 — B.8 — B.14 — B.7 — B.6 — B.31 — B.28 — B.16 — B.18 — B.19 — B.20 — B.21 — B.17 — B.32 — B.33 — B.30 — B.12

I — II — III — IV — V — VI

Ausrüstung der Preuss. Bel. Batt.
am 18. April 1864.

N°	Art der Batterie	Ausgerüstet mit		Ziele	N°	Art der Batterie	Ausgerüstet mit		Ziele
		Zahl	Kaliber				Zahl	Kaliber	
5	Strand und Demontir	2	gez.12 u der	Schanse I u. Schiff	20	Wurf	4	25 U.ge Moerser	Schanze IV, V u. Zwischen Gel.
9	Indirecte	2/2	12 / 6	IV u. V	21		4		Schanze VI, VII Zwischen Gel.
10	Demontir	4	12	V u. VI	22	Enfilir	4	gz.6 U.der	Schanze IX, X Zwischen Gel.
11	Indirecte	4		VI, VIII u. IX	28	Strand und Demontir	2/2	24 / 12	Schanze I u. II u. Schiff
14	Enfilir	6	6	Schanze VI, VIII u. Zwisch. Gelände	30	Geschütz-Stand	4	gl.12 U.der	geg. Ausfälle
14	Demontir	4		Schanze VII, IX Zwisch. Gelände	31	Strand	2	gz.24	Schanze u. Schanze I u. II
16	Geschütz-Stand	2	gl.12 U.der	Schanze I u. II	32	Wurf	4	7U.g. Hamb	Schanze IV
18	Wurf	4	25 U.ge Moerser	Schanze II, III Zwischen	33				VII u. VII
19		4		Schanze III, IV Zurücksprüg. Linie		Geschützstand süll Oster-Düppel	6	gl.12 U.der	VII u. VIII

Die Batterien N° 6,7,8 waren in der Nacht vom 16ten zum 17ten April, N° 12 in
der Nacht vom 15ten zum 16ten und N° 17 in der Nacht vom 17ten zum 18ten
abgerüstet worden. Vergl. Anlage N° 50.

Die Batterien auf Broacker und im nördlichen Theile des Sundewitt siehe Plan 4 u. Anlage N° 50.

Bemerkung: [symbol] ausgebrannte Gebäude. [symbol] Wurf-Batterie.

Verlag d. Kgl. Hofbuchh. v. E. S. Mittler & Sohn, Berlin. (Kochstr. 68/70.)

Maßss...
100 50 0 100 200 300 400 500 6 7 8

DER STURM AUF DIE DÜPPELE[N]

Vorgehen der

10 Uh[r]

Zu: Der deutsch-dänische Krieg 1864.
herausgeg. v. Grossen Generalstabe. Abtheilung f. Kriegsgeschichte.

48

Lye

B.22.

Rackebüllfeld

45.0

B.13.

50.0

Düppel

Oster-Düppel

39.0

Neu-Freudenthal
Flensburg

Alt-Freudenthal

Mun.Dep.

Spitz B.

52.4

B.11.

Ing.Zw.Dep.
No 3.

B.24.

B.17.

B.33.

B.32.

B.30.

B.20.

B.10.

B.19.

B.9.

B.18.

B.8.

B.16.

B.14.

B.7.

B.6.

B.31.

B.28.

WENNINGBUND

Legende

- ■ Komp.
- ⊥⊥ Doppelposten
- ⬠ F.W. Feldwache
- ▱ Repli.
- ▬ Stellung vor dem Sturm
- ⋯ Schützen-Komp.
- ▲ A.A. Artillerie Abtheilung
- ■ Komp.
- ✚ Festungs-Geschütz
- ⊥ Mörser
- ⊥ Feld-Geschütz.

Verlag d. Kgl. Hofbuchh. v. E.S.Mittler & Sohn, Berlin.(Kochstr 68/70.)

Maßst[ab]

100 50 0   100   200   300   400   500   6   7   8   9

R SCHANZEN AM 18. APRIL 1864.

greifen der beiderseitigen Reserven.

s 10 Uhr 50 Minuten Vorm.

Plan 10.

Surlücke

Lindegaard

Engelshoi

Flanken Batt.

Baadsagger

Randsagger Batt.

Balkensperre

ALSENSUND

Steinhöft

Kirchbergs-Batt.

Düppelfeld

Bar. lgr.

Barachen

Brückenkopf

Brücken Komp.

Düppelstein

Lager

2 Brig.

Sney

Schloss

SONDERBURG

Düppeler Mühle

Mühlen Batt.

Jensen

Bellevue

Rolf Krake

Rolf Krake
10⁵⁷   10⁴⁵

b 1 : 7500.

1000   11   12   13   14   1500   16   17   18   19   2000 Meter.

Geogr. lith. Inst. u. Steindr. v. W. Grove, Kgl. Hoflith. Berlin.

Kartenbeilage in „Der Deutsch-Dänische Krieg 1864" – [Zweiter Band], Berlin 1887.

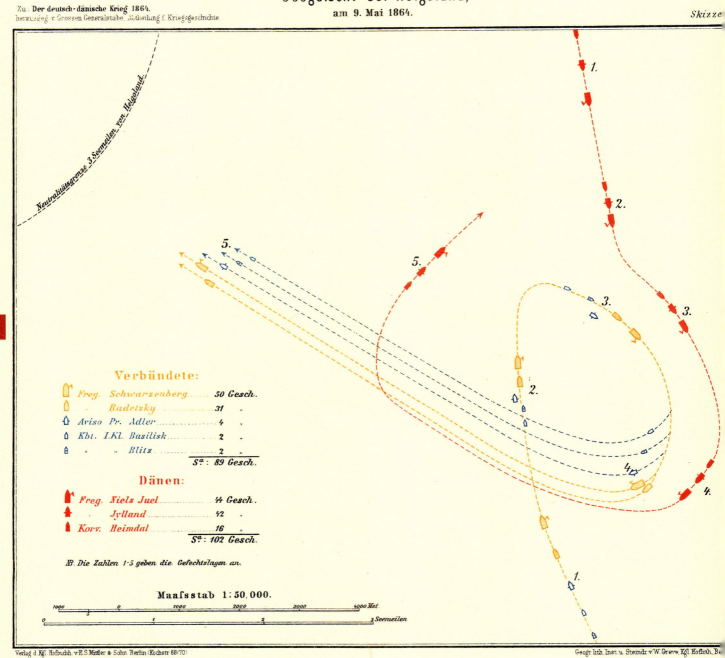

Kartenbeilage in „Der Deutsch-Dänische Krieg 1864" – [Zweiter Band], Berlin 1887.

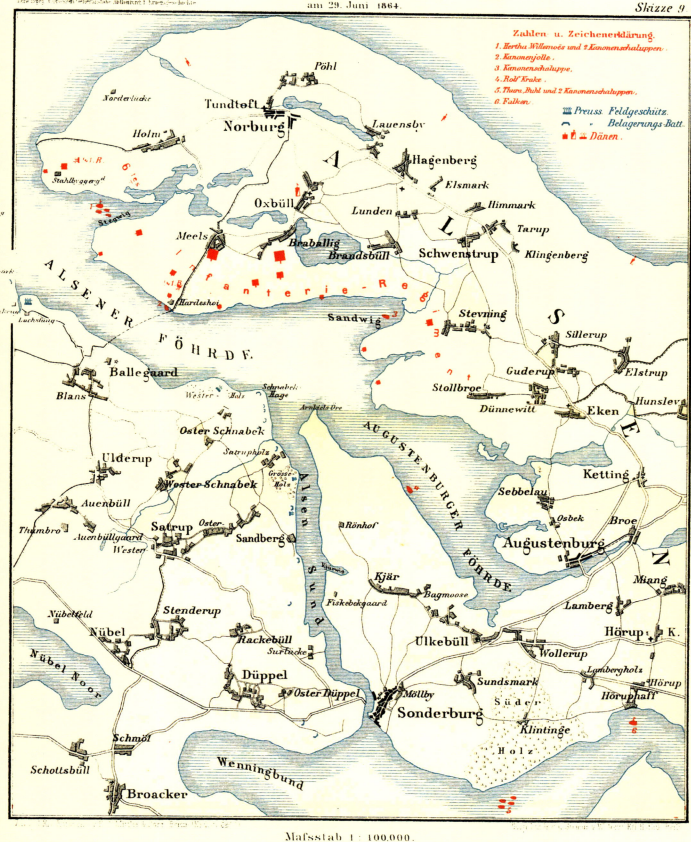

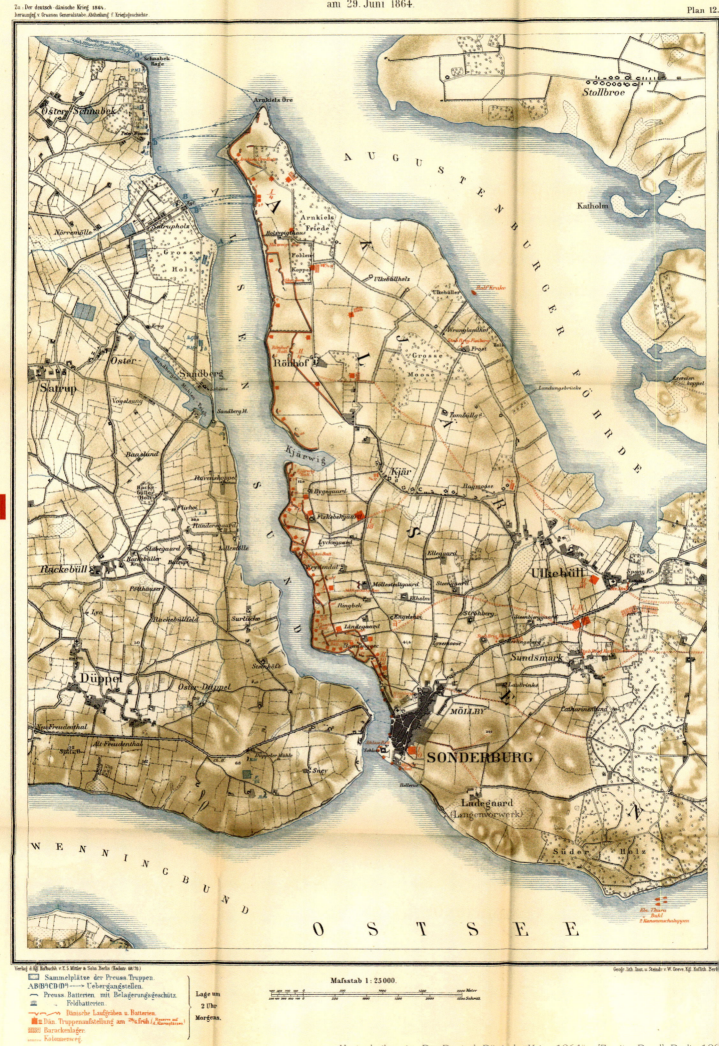

PLAN ZUM UEBERGANG NACH ALSEN. II.

am 29. Juni 1864.

Der deutsch-dänische Krieg 1864.
ausgeg. v. Grossen Generalstabe Abtheilung f. Kriegsgeschichte.

Plan 13.

d. Kgl Hofbuchh v. E. S Mittler & Sohn Berlin (Kocher 68/70.)

Geogr. lith. Inst. u. Steindr v. W. Greve. Kgl Hoflith. Berlin.

Mafsstab 1 : 25 000.

- ■ Preussische Truppen.
- A B ⒝ C D → Uebergangsstellen.
- ⌒ Preuss. Batterien mit Belagerungsgeschütz.
- ☰ Feldbatterien.
- ▭ Dänische Laufgräben u. Batterien.
- ■ Dänische Truppen.
- ⌁ Kolonnenweg.

Lage um
5 Uhr
Morgens.

Kartenbeilage in „Der Deutsch-Dänische Krieg 1864" – [Zweiter Band], Berlin 1887.

NACH ALSEN. III.
1864.

Plan 14.

Kartenbeilage in „Der Deutsch-Dänische Krieg 1864" – [Zweiter Band], Berlin 1887.

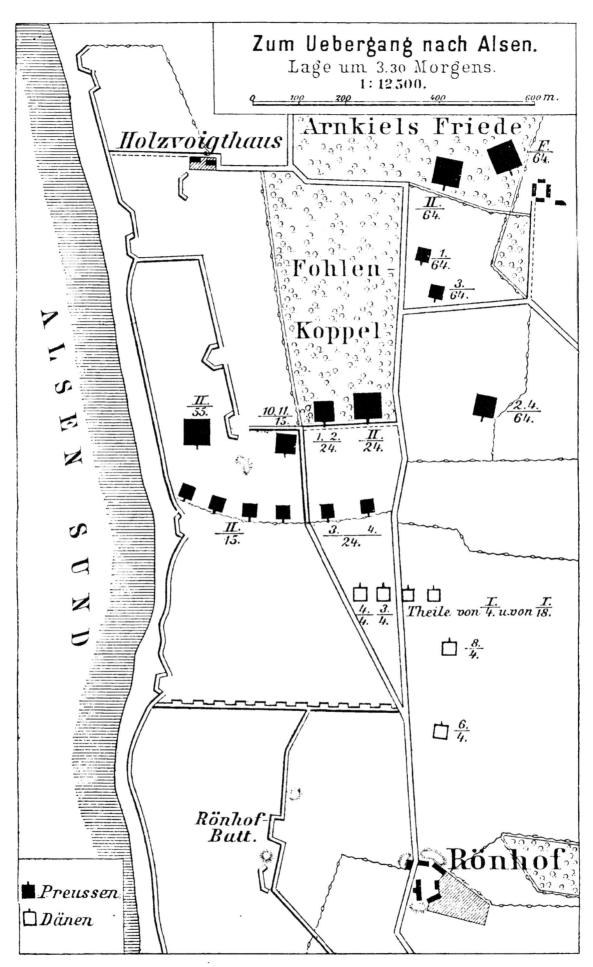

Aus „Der Deutsch-Dänische Krieg 1864" – [Zweiter Band], Berlin 1887, Seite 667

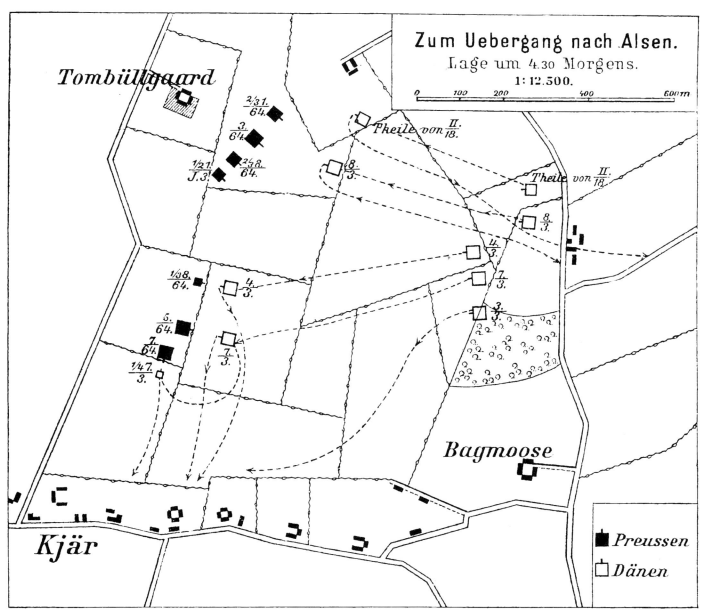

Aus „Der Deutsch-Dänische Krieg 1864" – [Zweiter Band], Berlin 1887, Seite 676

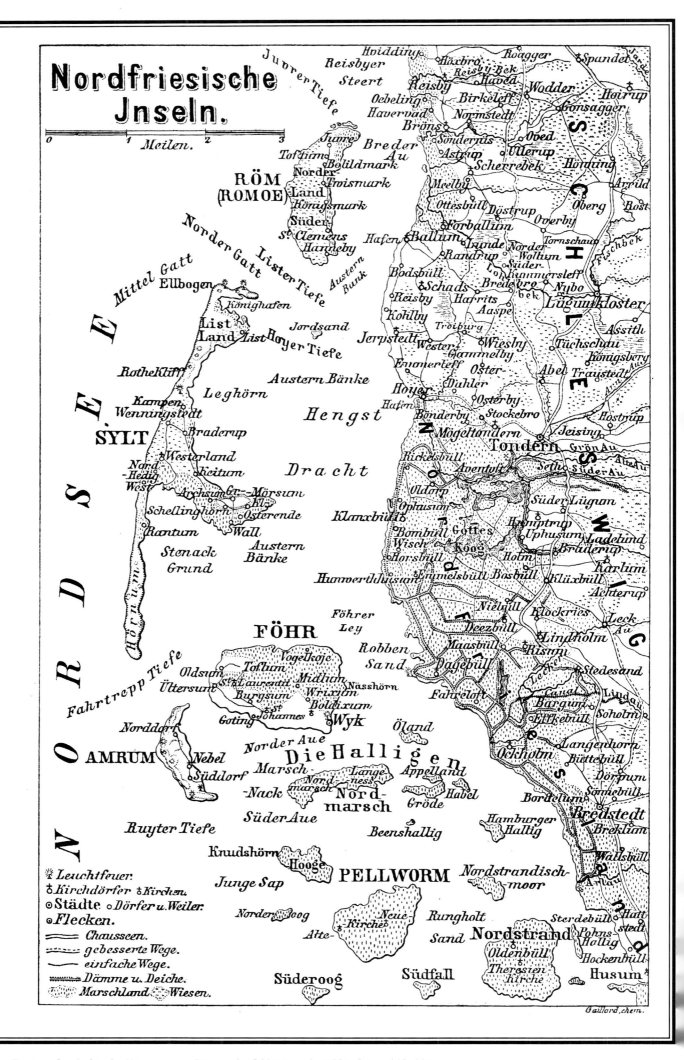

August Trinius, „Geschichte des Krieges gegen Dänemark 1864." Ausgabe 1891, Seiten 440–441

Einnahme der Nordfriesischen Inseln
in den Tagen vom 13 – 20. Juli 1864.

Zu Der deutsch-dänische Krieg 1864,
herausgeg v. Grossen Generalstabe Abtheilung f Kriegsgeschichte

Skizze 10.

▲ *Blitz*

▲ *Basilisk*

▲▲ *Wall, Seehund*

▲▲▲ *Dän. Flottille*

A *Lage am 13. Juli.*

B „ „ 17. u. 18. „

C „ „ 19. „

ROMÖ
zu Jütland

Ottesbüll
Teyring
Zu Jütland
Ballum
Zu Schleswig u. Jütland
Kummerleff
Lügumkloster

Jerpstedt

Jordsand

Pr.Adler
Lister-Tiefe
List
Jütla
Zu
Hoer-Tiefe
Lister V.

Zu Jütland
Hoyer
Mögeltondern
Tondern
Wind.Dry.
Rickelsbull
Widau

SYLT
Keitum
Morsum

Emmelsbüll

Südwesthörn
Marienkog

FÖHR
zu Jütland
Nashörn
Wyk
Dagebüll

Schwarzenberg
Pr.Adler
Don Juan
Radetzky
Kaiser
Erzh.Fridrich

Fahrstapp-Tiefe

Führer Schulter

C
Wiebböm
B Die
AMRUM
Jütland Norder-Aue
Elisabeth

Bredstedt

Drellsdorf

Schwarzenberg
Radetzky
Elisabeth

Rüyter-Tiefe

Süder-Aue

Halligen
Langeness
Groe

vom 18ten Abends
bei Helgoland

vom 14ten Mittags
bis 17ten Morg.
in Cuxhaven

Neue Schmal-Tiefe
Alte Schmal.i.Tiefe

Pellworm

Olderup

Nordstrand

Husum

erlag d Kgl Hofbuchh.v E.S.Mittler & Sohn, Berlin (Kochstr 68/70)

Geogr.lith Inst.u Steindr v W Greve Kgl Hoflith.Berlin

Mafsstab 1: 500,000.

0 — 10 — 20 — 30 — 40 — 50 km.

0 — 5 — 10 — 20 — 30 Seem.

Kartenbeilage in „Der Deutsch-Dänische Krieg 1864" – [Zweiter Band], Berlin 1887.

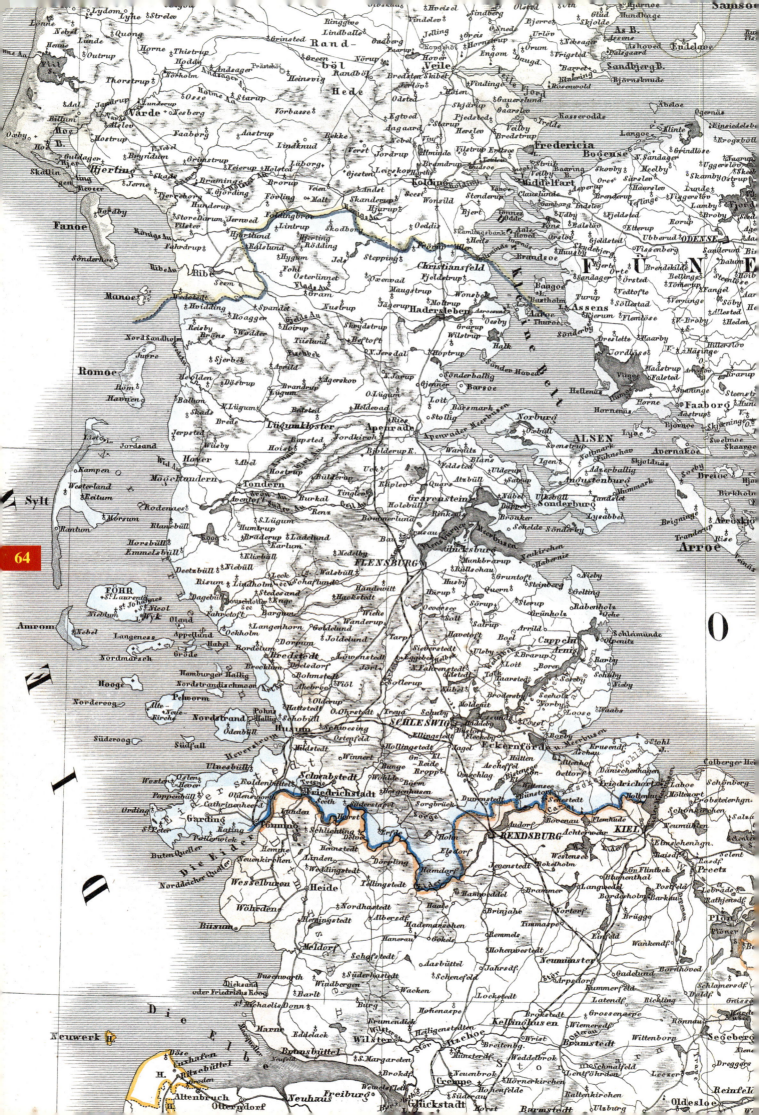

Dänemark nach dem Krieg im Jahr 1865

Die Karte zeigt einen Ausschnitt einer Stahlstich-Karte aus Kiepert mit „Dänemark mit den angrenzenden Herzogtümern. …"
Die Karte war seit 1858 im Verlagsprogramm des Geographischen Instituts Weimar und wurde nach dem Krieg sofort neu bearbeitet. Vermerk auf der Karte:
„Bearbeitet von C. Gräf, 1858. Rev. 1865."
Herausgegeben vom „Weimar: Geographisches Institut."
und „Gest. v. G. Haubold."
Neu Bearbeitet von Harald Rockstuhl, 2014. Die gesamte Karte ist auch als Nachdruck erhältlich (ISBN 978-3-86777-704-9)

Weitere Bücher zum Deutsch-Dänischen Krieg 1864 aus dem Verlag Rockstuhl

Taschenbuch, Reprint 1865/2014, Altdeutsche Schrift, 82 Seiten mit 41 Zeichnungen von Wilhelm Camphausen (1818-1885), Tb.
978-3-86777-416-1

Impressum

Titelbild: Plan zum Gefecht bei Missunde am 2. Februar 1864 (Auszug) – siehe auch Seite 19

1. Auflage 2014

ISBN 978-3-86777-703-2

Innenlayout: Harald Rockstuhl, Bad Langensalza

Alle Karten im Buch wurden von Harald Rockstuhl neu bearbeitet. Original-Karten: Sammlung Harald Rockstu

Druck und Bindearbeit: Digital Print Group Oliver Schimek GmbH, Nürnberg/Mittelfranken. Gedruckt auf alterungsbeständigem Papier nach ISO 9706